CHAMBRE CONSULTATIVE
Des Manufactures, Arts et Métiers
De VIRE (Calvados).

—

RAPPORT
et
DÉLIBÉRATION
sur le
CHARDON-MINÉRALISÉ
Employé au Lainage des Etoffes.

—

PROCÉDÉ GOHIN AÎNÉ.

Vire, Imprimerie de Ve Barbot, fils, rue Saint-Thomas, 11.

1861.

RAPPORT

ET

DÉLIBÉRATION

sur le

CHARDON-MINÉRALISÉ.

20276

RAPPORT

ET

DÉLIBÉRATION

sur le

CHARDON-MINÉRALISÉ

Employé au Lainage des Etoffes.

PROCÉDÉ GOHIN AÎNÉ.

Vire, imprimerie de Vᵉ DARROT fils, rue aux Fèvres, 14.

1861.

CHAMBRE CONSULTATIVE

des

MANUFACTURES, ARTS ET MÉTIERS

DE VIRE

(Calvados).

Dans la séance du 20 octobre 1861, Monsieur le Président ayant mis sous les yeux des Membres de la Chambre un mémoire de Monsieur GOHIN AÎNÉ, concernant une découverte importante qu'il a faite d'un Procédé appliqué au Chardon végétal, servant au lainage des étoffes, et pour lequel il a pris un brevet d'invention et un certificat d'addition, en date des 2 novembre 1860 et 9 juillet 1861.

La Chambre, toujours disposée à donner sa haute approbation à toute invention utile et

voulant être complètement édifiée sur l'importance de celle que Monsieur GOHIN AINÉ
lui soumettait, chargea une Commission com-
posée de Messieurs Vimont aîné, Guérin-Juhel
et Adrien Lenormand, à l'effet de statuer sur
la valeur du *Chardon-Minéralisé*, appliqué au
lainage des étoffes, en se livrant aux expériences nécessaires pour constater les résultats
qu'on peut attendre de son emploi.

Cette Commission, après avoir suivi atten-
tivement et comparativement le travail du
Chardon préparé et le travail du Chardon
naturel, mais de qualité égale, est venue, dans
la séance du 5 novembre 1861, par l'organe
de Monsieur Adrien Lenormand, rapporteur,
constater de la manière la plus claire et la plus
précise les résultats avantageux de la découverte de Monsieur Gohin aîné.

RAPPORT DE M. ADRIEN LENORMAND.

MESSIEURS,

Comme rapporteur de la Commission chargée par vous d'examiner les avantages que peut offrir à l'Industrie l'emploi du Chardon végétal préparé par un Procédé pour lequel Monsieur GOHIN AINÉ a obtenu un brevet d'invention, je viens vous faire connaître son opinion à cet égard, opinion basée sur les résultats donnés par des expériences sérieuses et répétées.

Votre Commission a reconnu que le Procédé GOHIN AINÉ met le Chardon à l'abri des intempéries dont l'action amène, au grand dommage des industriels, la *décomposition* de ce végétal.

Tout en assurant la durée du Chardon par l'application du Procédé GOHIN AINÉ à ce végétal, la préparation le maintient dans un état parfait de conservation et donne au croc une résistance qui ne lui permet plus de se renverser au travail, bien qu'elle lui conserve toute la flexibilité désirable.

Ce sont là des avantages bien suffisants pour

assurer au Chardon GOHIN AÎNÉ une supériorité incontestable sur le Chardon ordinaire.

Des essais faits avec le plus grand soin chez
Messieurs Jules Juhel-Desmares, manufacturier,
Dubosc, apprêteur public, et A. Lenormand,
rapporteur, essais suivis avec un bien vif inté-
rêt, ont fait ressortir, dans l'emploi du Chardon
préparé, d'autres avantages que nous allons
avoir l'honneur de vous exposer.

1° Durée du Montage.

La durée du premier montage dépasse de
plus de moitié celle du Chardon ordinaire.
Après ce travail, le Chardon préparé est loin
d'être hors de service. En effet, il peut être
retourné et subir un second montage. On ob-
tient ainsi un nouveau travail sur les deux
autres surfaces, attendu que le croc, qui s'est
couché, se redresse avec la plus grande facilité
sous l'action de l'eau et de la mise en œuvre.

Le rendement sur les deux dernières surfaces sera au moins égal aux deux tiers de celui
du Chardon ordinaire.

Sans doute, il arrivera que quelques têtes
ne pourront être remontées, mais le nombre,

nous le croyons, n'atteindra pas un chiffre qui mérite d'être compté.

Comme vous le voyez, Messieurs, la durée du Chardon sera plus que doublée par le PROCÉDÉ GOHIN AÎNÉ.

Le résultat immédiat de son emploi peut donc se traduire par un bénéfice de *cent pour cent.*

2° Séchage et Décomposition.

Le Chardon ordinaire, comme on le sait, ne peut être employé qu'autant qu'il est parfaitement sec, et le séchage, en hiver surtout, est toujours une opération difficile et coûteuse ; de plus, à moitié de son travail, il s'échauffe, germe et pourrit, s'il n'a pas été essoré.

Le Chardon préparé, moins spongieux, sèche rapidement et peut même être employé humide, vu la propriété remarquable qu'il possède de parfaitement travailler sous l'action de l'eau, la préparation à laquelle il a été soumis le mettant à l'abri de toute détérioration.

Votre Commission n'estime pas à moins de *cinquante pour cent* d'économie cette propriété si remarquable du Chardon GOHIN AÎNÉ.

3° Lainage et Économie de Montage

Il résulte des expériences faites, qu'avec le Chardon préparé, il faut beaucoup moins de temps à lainer un drap qu'avec le Chardon naturel.

Il est aussi notoire qu'au début du travail, ce dernier Chardon est dur, brutal même jusqu'à effondrer l'étoffe sur laquelle il agit.

Par suite de l'application du Procédé GOHIN AINÉ à ce végétal, les accidents ne sont plus à craindre ; son croc toujours flexible et élastique ne peut les occasionner, et de plus, si le Chardon est bien monté, cette flexibilité et cette élasticité constantes du croc, qui ne s'arrache pour ainsi dire plus, donnent un lainage complètement uni, sans rayons ni blancheurs et offrent ainsi un apprêt bien meilleur et plus facile.

En ne tenant compte que du temps employé au lainage, l'emploi du Chardon préparé permet de réaliser une nouvelle économie d'environ *trente pour cent*, à laquelle il convient d'ajouter celle que donne sa durée sur le temps que nécessite le montage, soit *quinze pour cent au moins.*

4° Économie d'Achat.

L'emploi du Chardon préparé donnera sans doute de nouveaux avantages que nous laissons au temps à révéler, mais nous devons, dès ce moment, en signaler un d'une grande valeur, selon nous.

Avec le Procédé GOHIN AÎNÉ, le Chardon peut être employé immédiatement après la récolte, mais *pris en temps opportun pour la préparation*. La Fabrication n'aura donc plus à souffrir de retards si préjudiciables à ses intérêts.

Enfin, le Chardon préparé ne peut plus être attaqué par la vermine et cette propriété est d'une assez grande importance pour que votre Commission ait cru devoir la consigner dans son rapport.

Cet emploi immédiat du Chardon doit aussi entrer en ligne de compte avec les économies ci-dessus énoncées et y figurer pour le chiffre approximatif de *dix pour cent*.

Nous devons encore, Messieurs, d'après nos propres expériences, constater la supériorité du CHARDON GOHIN AÎNÉ sur le CHARDON NOS-MÉTALLIQUE, et nous vous proposons dès à présent d'appeler le Chardon préparé par le Procédé GOHIN AÎNÉ,

CHARDON-MINÉRALISÉ.

En résumant les avantages énumérés dans notre rapport, on arrive à constater que l'emploi du *Chardon-Minéralisé* permet d'obtenir des économies dont le chiffre doit s'élever beaucoup plus qu'on ne pourrait se l'imaginer de prime-abord.

Après les considérations qui précédent, il semble qu'il soit inutile d'insister à l'égard du *Chardon-Minéralisé;* cependant, Messieurs, votre Commission pense qu'il n'est pas inopportun de vous faire connaître les réflexions qui se sont présentées à son esprit en présence de la récolte insuffisante des céréales dans l'année où nous sommes.

La culture du Chardon occupe en France *quatre à cinq mille hectares* de terrain qui peuvent produire annuellement *cinq millions de francs* environ.

Les départements où le Chardon est cultivé le plus en grand, sont les suivants : Bouches-du-Rhône, Vaucluse, Aude, Seine-et-Oise, Eure et Seine-Inférieure.

Le Procédé GOHIN AINÉ, en doublant et plus la durée du Chardon, permettra de rendre à la culture des céréales *deux à trois mille hectares* de terrain. Si l'on prend comme moyenne le chiffre de vingt-deux hectolitres de blé de rendement par hectare, l'agriculture pourra verser sur nos marchés *soixante mille hectolitres* de blé environ de plus que dans l'état actuel des choses.

Le produit brut d'un hectare de terre donne approximativement :

1° En Chardon, environ 300,000 têtes, à Fr. 40 les 10,000. . . . . . Fr. 1,200

2° En Blé, 22 hectolitres, à raison de Fr. 22 . . . . . . Fr. 484   } Fr. 584

Plus la paille. . . Fr. 100   }

D'après ces calculs, la culture du Chardon présente tout d'abord un avantage marqué, mais le Chardon occupe le terrain pendant deux ans, ce qui fait que les produits se balancent.

Les frais sont à peu près les mêmes pour les deux cultures; seulement le Chardon demande plus de soin et de travail. D'ailleurs ce végétal est sujet à varier dans son rendement et sa qualité; ces différences tiennent à la

nature même de la plante. En effet, il suffit
d'un jour de pluie, à l'époque de la défloraison,
pour produire les avaries les plus sérieuses.
Nous ajouterons cependant que dans le Midi
principalement, les terres légères sont em-
ployées de préférence à la culture du Chardon,
ce qui ne nous empêche pas d'être convaincus
que les cultivateurs n'hésiteront pas à rendre
à la culture des céréales une partie des terres
consacrées à celle du Chardon.

L'extension à toutes les classes de la société
d'une bonne alimentation, dont la base pre-
mière sera toujours le pain, est une des pen-
sées dont le Gouvernement poursuit la réalisa-
tion avec tout le zèle qu'il apporte à l'amélio-
ration du bien être général.

Aussi, Messieurs, il a paru à votre Commission qu'elle pouvait rattacher aux avantages
que l'Industrie doit retirer du *Chardon-Minéralisé*, ceux qui découlent naturellement des
deux à trois mille hectares de terre qui, rendue
à la culture des céréales, en augmenteront la
masse d'une quantité notable.

Au moment où le libre échange va mettre
en présence de nos produits, les produits étran-

gers, où la lutte va s'ouvrir sérieuse sur tous nos marchés, votre Commission est heureuse d'avoir à vous signaler les résultats si positifs d'une invention qui peut avoir une influence notable sur l'avenir des Etoffes françaises.

Cette tâche accomplie, il ne nous reste plus qu'à vous proposer d'appeler l'attention du Gouvernement sur la découverte due à de sérieuses et intelligentes recherches, et de le prier de vouloir bien attacher sa haute approbation à un procédé qui tient de si près au progrès de l'une de nos plus importantes industries.

Après ce rapport et la discussion qui le suit, la Chambre adopte à l'unanimité la délibération suivante :

1° La Chambre reconnaît que la découverte de Monsieur GOHIN AÎNÉ est de la plus haute importance ;

2° La présente résolution sera, avec le rapport qui la précède, adressée à Son Excellence Monsieur le Ministre de l'Agriculture, du Commerce et des Travaux publics ;

3° Le rapport et la délibération seront imprimés et adressés, par les soins de Monsieur le Président, aux Chambres Consultatives et de Commerce des Villes de Fabriques.

Les Membres de la Chambre,

DE LA HUPPE DE LARTURIÈRE, Maire de la ville de Vire ;

J. JUHEL-DESMARES, Manufacturier, Président ;

VIMONT AÎNÉ, Juge au Tribunal de Commerce, Secrétaire ;

LEMOINE, Fabricant de Papier ;

CAREL-GENTIL, Filateur de Coton ;

ADRIEN LENORMAND, Manufacturier ;

CHATEL-QUEILLÉ, ancien Manufacturier ;

GUÉRIN-JUHEL, Fabricant de Draps ;

FÉLIX GILBERT, Banquier, Juge-s. au Tribunal de Commerce ;

DÉTAN, Fabricant de Papier ;

LEFÈVRE-LEBRETHON, Filateur ;

LOUIS VAUDRY, Teinturier.

Pour copie conforme au Registre de la Chambre,

Le Président,   Le Secrétaire,

J. JUHEL-DESMARES.   VIMONT AÎNÉ.